I0441469

www.ingramcontent.com/pod-product-compliance
Lightning Source LLC
Chambersburg PA
CBHW050751290526
45792CB00008B/2138
9781537089904

راهنمای حفاظت محیط زیست در مدارس

The Guideline of Environmental Protection in Schools

فریده ظهورزارع

آرش رضایی

بهار ۱۳۹۵

ISBN-13: 978-1537089904

۱۰ دلیل برای خواندن این کتاب:

- ✓ تمرکز کتاب بر آموزش اصول حفاظت محیط زیست از سنین پایه

- ✓ ارائه راهکارهای کاربردی و بومی جهت حفاظت محیط زیست در مدارس

- ✓ هموارسازی تحقق مدرسه سبز

- ✓ ایجاد دیدگاهی نو نسبت به محیط زیست در دانش‌آموزان

- ✓ انتقال پیام نویسنده به خواننده به زبان ساده و با کمترین تعداد صفحات

- ✓ صفحه‌آرایی استاندارد همراه با تصاویر مستند و رنگی

- ✓ مطالب قابل درک برای تمام سطوح سنی

- ✓ سبک و قابل حمل بودن کتاب

- ✓ امکان دسترسی و تماس با نویسندگان کتاب (از طریق ایمیل)

- ✓ قابل استناد بودن مطالب مطرح شده در کتاب (ذکر منابع و ماخذ مورد استفاده)

تقدیم به حامیان و دوستداران واقعی محیط زیست

و

سپاس از حمایت و همیاری

دانش‌آموزان و همکاران دبستان غیردولتی شهریار منطقه ۶ تهران

It is not the quantity but the quality of knowledge which determines the mind's dignity.

"William Ellery Channing"

این کمیت نیست بلکه کیفیت علم است که شأن ذهن را تعیین می‌کند.

»ویلیام اِلری چانینگ«

The only way forward, if we are going to improve the quality of the environment, is to get everybody involved.

"Richard Rogers"

تنها راه پیش رو به منظور بهبود کیفیت محیط زیست اینست که همگی در آن سهیم باشند.

»ریچارد رُگِرز«

فهرست

آشنایی با تهیه کنندگان این کتاب

فریده ظهورزارع از علاقه‌مندان و حامیان حفاظت محیط زیست، سابقه‌ی ۲۰ سال فعالیت به عنوان مربی بهداشت و محیط زیست در دبستان‌های غیردولتی پسرانه منطقه ۶ تهران (امام حسین (ع) و شهریار) را در کارنامه کاری خود دارد.

آرش رضایی، دانش آموخته دکتری مهندسی دفع مواد زائد جامد از کشور آلمان، از سال ۱۳۷۷ مشغول تحصیل و تحقیق در بخش‌های مختلف محیط زیست بوده و از سال ۱۳۸۵ بطور جدی در زمینه تفکیک و بازیافت پسماندهای جامد شهری در حال فعالیت می‌باشد. حاصل تحقیقات او انتشار ۲۰ مقاله به زبان‌های فارسی و انگلیسی در روزنامه‌ها، مجلات و همایش‌های داخلی و خارجی بوده است.

ارتباط با تهیه کنندگان این کتاب:

env82@yahoo.com

مقدمه

بر هیچیک ازما پوشیده نیست که احترام به طبیعت و محیط زیست یک وظیفه‌ی عقلانی، شرعی (توصیه تمام ادیان الهی و از ویژگی‌های دینداران واقعی)، قانونی (اصل پنجاه قانون اساسی کشور) و وجدانی است و برماست که در حفظ هرچه بیشتر محیط زیست خود که مستقیماً درسلامتی روح و جسم نسل فعلی و آیندگان تأثیر دارد سهیم باشیم. یعنی با استفاده از روش‌ها و شیوه‌های مناسب و منطقی، زندگی خوب و قابل قبولی برای خود و نسل آینده که همان فرزندانمان هستند ترسیم نماییم که این همان مفهوم کلی توسعه پایدار است.

آموزش محیط زیست و کاربرد آن در زندگی تمامی افراد بشر در هر سطح اجتماعی که باشند لازم و ضروریست و پرواضح است که آموزش از سنین پایین تر از اهمیت بیشتری برخوردار است زیرا کودکان امروز زنان و مردان آینده هستند. در این راستا هر اقدام کوچکی در جهت حفظ محیط زیست گامی بزرگ به شمار می‌آید (مصداق شعار معروف «محلی کار کنیم، جهانی فکر کنیم»).

کتاب حاضر حاصل تجربیات زیست محیطی کاربردی در مدارس در جهت نیل به سمت ایجاد مدرسه سبز می‌باشد و تفاوت آن با دیگر نوشته‌ها در این‌باره، تاکید بر کیفیت (محتوای مطلب) بجای کمیت (تعداد صفحات) و قابلیت اجرای موارد آن می‌باشد.

از آنجا که تأثیر اجرا بیش از آموزش صرفا تئوری می‌باشد، امید است که مربیان و آموزگاران عزیز با صبر و حوصله، دانش‌آموزان را در یادگیری و اجرای موارد مذکور یاری نمایند تا از این طریق بتوانند گامی مؤثر در جهت حفاظت از محیط زیست و دستیابی به یک مدرسه سبز بردارند.

لازم به ذکر است که از شروط اصلی در ایجاد یک مدرسه سبز، تاکید بر محوریت دانش آموزان و شرکت چشم‌گیر آن‌ها در اجرای طرح می‌باشد. از اولیای دانش آموزان نیز تقاضا دارم ضمن مطالعه مطالب این کتاب و ارائه توضیحاتی در جهت تسهیل فهم مطالب به فرزندان خود، آنها را به منظور حفاظت از محیط زیست یاری کنند چرا که با اظهار علاقه از طرف بزرگترها در اجرای موضوعات ارائه شده در این مکتوب، انگیزه آنان نیز برای اجرا بیشتر خواهد شد. از خالق بی‌همتای محیط زیست برایتان آرزوی موفقیت در این مسیر را دارم.

فریده ظهورزارع

بهار ۱۳۹۵

بخش اول: آشنایی با محیط زیست و اجزاء آن

تعریف محیط زیست به زبان ساده

محیط زیست یا محیط زندگی یعنی هر آنچه که برای زنده ماندن و ادامه حیات انسان‌ها ضروری است. در نگاه اول، این تعریف از محیط زیست، خودخواهانه (انسان محور) است اما با کمی تفکر متوجه می‌شویم که حیات ما در گرو حضور موجودات زنده (جانوران و گیاهان) و اجزاء غیرزنده (آب، هوا و خاک) محیط پیرامون می‌باشد. به بیان دیگر، وقتی ما راجع به محیط زیست خود حرف می‌زنیم یعنی تمام چیزهایی که در دنیا بر زندگی ما تأثیر گذارند.

اهمیت محیط زیست

ساده‌ترین توضیح راجع به اهمیت محیط زیست اینست که کره‌ی زمین خانه ماست، در آن زندگی می‌کنیم، نفس می‌کشیم، غذا می‌خوریم و رشد می‌کنیم. در سال‌های گذشته، با رشد فزاینده جمعیت و پیشرفت‌های تکنولوژیکی، روند بهره‌برداری از منابع موجود در زمین نیز بیشتر شده است و در یک کلام محیط زیست دستخوش تخریب وآلودگی قرارگرفته است [۲۸]. از عمده پیامدهای تخریب و آلودگی محیط زیست بروز بیماری‌های فراوان و متنوع در انسان‌ها، گیاهان و جانوران می‌باشد. در این بین، کودکان سازگاری (Adaptation) کمتری بامحیط زیست خود (خانه، محله، مدرسه و اجتماع) دارند و از همین رو، نسبت به بزرگسالان در برابرعوامل بیماری‌زا (چه انسانی و چه طبیعی) مقاومت کمتری داشته و آسیب پذیرترند. فراموش نکنیم که کودکان بزرگترین گروه انسانی‌اند و بیش از ۳۰ درصد جمعیت جهان راتشکیل می‌دهند [۲۹].

متاسفانه هرگونه توسعه، منجر به تخریب محیط زیست می‌گردد. برای درک بهتر این موضوع، پیامدهای ایجاد یک مدرسه بر محیط زیست خود را بررسی می‌کنیم:

- قطع درختان و کاهش فضای سبز موجود در مدرسه به منظور افزایش فضا و استقرار امکانات آموزشی (معمولا در واگذاری ساختمان‌ها به مدارس رخ می‌دهد)

- افزایش مصرف آب و به تبع آن تولید فاضلاب و پساب بیشتر، بواسطه افزایش جمعیت در ساختمان مدرسه

- افزایش مصرف انرژی به منظور روشنایی، پخت و پز، سرمایش و گرمایش مدرسه

- افزایش تولید پسماند تر و خشک در مدرسه

- افزایش آلودگی صوتی بویژه در ساعات ورزش و تفریح دانش‌آموزان در حیاط مدرسه

- افزایش ترافیک در کوچه‌های منتهی به مدرسه بواسطه رفت و آمدهای دانش‌آموزان، اولیاء و کادر مدرسه

- ایجاد مزاحمت برای همسایگان مدرسه (ترافیک، آلودگی صوتی، افت ارزش ملک آنها، تغییر بافت محله، کمبود محل پارک خودرو و توقف‌های غیر مجاز)

- افزایش آلودگی هوای داخل ساختمان بواسطه استفاده از تجهیزات اداری، پخت و پز، بیماری‌های واگیر و عدم تهویه مناسب هوا در ساختمان مدرسه

بی‌شک پیامدهای مثبت یک مدرسه در زمینه ارتقاء سطح آگاهی و دانش جامعه و همچنین ایجاد اشتغال قابل انکار نیست اما با توجه به چشمگیر بودن پیامدهای منفی آن، چنانچه تمهیداتی برای کاهش این پیامدها اندیشیده نشود قطعا لطمات جبران‌ناپذیری بر محیط زیستمان وارد می‌آید.

مفهوم حفاظت محیط زیست

حفاظت محیط زیست دارای تعاریف متنوعی از قبیل «مراقبت از محیط زیست طبیعی در سطوح فردی، سازمانی یا دولتی به منظور بهره‌مندی محیط زیست و انسان» یا «استفاده پایدار از منابع زمین» و یا «مشارکت عمومی برای سبز نگاه داشتن زمین» می‌باشد. تعریف شما از حفاظت محیط زیست چیست؟

کارنامه عملکرد زیست محیطی کشور

بر اساس گزارش سال ۲۰۱۴ میلادی سازمان ملل، عملکرد زیست محیطی ایران در سال‌های ۱۳۹۰ الی ۱۳۹۲ از بین ۱۷۸ کشور جهان رتبه ۸۳، از نظر شاخص کیفیت هوا رتبه ۵۸ و از نظر آلودگی هوا رتبه ۱۲۴ و همچنین عملکرد شاخص بهداشتی و سلامت آب رتبه ۴۷ را به خود اختصاص داده است [۳۰]. براساس این آمار، اوضاع کشورمان در مقوله حفاظت محیط زیست در شرایط مناسبی قرار ندارد و این مسأله نیاز به آموزش پایه و همچنین همکاری همه اقشار جامعه دارد.

تاکید بر حفاظت محیط زیست در قانون اساسی کشور (اصل ۵۰)

در جمهوری اسلامی، حفاظت محیط زیست که نسل امروز و نسل‌های بعد باید در آن حیات اجتماعی رو به رشدی داشته باشند، وظیفه عمومی تلقی می‌گردد. از این رو فعالیت‌های اقتصادی و غیر آن که منجر به آلودگی محیط زیست یا تخریب غیر قابل جبران آن گردد، ممنوع است.

رشته‌های دانشگاهی جهت ادامه تحصیل علاقه‌مندان به محیط زیست در کشور

در سال‌های اخیر علاوه بر قرار گرفتن دروس و سرفصل‌های آموزش و حفاظت محیط زیست در مقاطع دبستان و دبیرستان، رشته‌های دانشگاهی از مقطع کارشناسی تا دکتری تخصصی در این زمینه راه‌اندازی و ارایه می‌گردد. رشته‌هایی از قبیل مهندسی محیط زیست، مدیریت محیط زیست، مهندسی منابع طبیعی، مهندسی بهداشت محیط و علوم محیط زیست.

تقویم مناسبت‌های زیست محیطی

روز	ماه	مناسبت
۱۳	فروردین	روز انس با طبیعت
۲	اردیبهشت	روز جهانی زمین پاک
۱	خرداد	روز جهانی تنوع زیستی
۱۵	خرداد	روز جهانی محیط زیست
۲۷	مرداد	روز جهانی بیابان زدایی
۲۶	شهریور	روز جهانی حفاظت از لایه ازن
۳	مهر	روز بدون خودرو
۲۹	دی	روز ملی هوای پاک
۱۳	بهمن	روزجهانی تالاب ها
۱۲	اسفند	روز جهانی حیات وحش
۱۵	اسفند	روز درختکاری

فعالیت‌های زیست محیطی پیشنهادی در مدرسه

- برگزاری مسابقه تهیه کاردستی با استفاده از سلول خورشیدی

- تهیه کمپوست در منزل

- تهیه کاردستی با پسماندهای خشک

- طراحی لانه پرندگان

- ایده‌پردازی در زمینه حفاظت محیط زیست و پالایش آلودگی‌ها

- برگزاری مسابقه نقاشی در زمینه محیط زیست

بخش دوم: مدرسه سبز

تعریف مدرسه سبز

مدرسه‌ای که دارای ساختمان و یا تجهیزاتی جهت ایجاد یک محیط زیست سالم برای یادگیری و صرفه‌جویی در مصرف انرژی، منابع و هزینه‌ها باشد. هدف از ساخت و طراحی یک مدرسه سبز تولید هوای تمیز، درجه حرارت مناسب، نور کافی، کمترین میزان آلودگی صوتی، افزایش بازدهی منابع، کاهش آلاینده‌ها و آموزش نوآوری در زمینه طراحی محیط زیست به دانش‌آموزان است.[۲۳]

چرا باید مدرسه خود را سبز کنیم؟

- مدارس سبز از محیط زیست سالم تری برخوردارند که منجر به یادگیری بهتر دانش آموزان می گردد. [۲۴]
- مدارس سبز باعث کاهش هزینه ها، کاهش مصرف انرژی و پیامدهای اقلیمی و زیست محیطی و بهبود پایداری جامعه می گردد. [۲۴]
- تغدیه سالم و حیاط سبز موجب بهبود سلامت، تغذیه و تندرستی دانش آموزان شده و هزینه های درمانی را کاهش می دهد. [۲۴]

ویژگی‌های کلی یک مدرسه سبز

- حفظ انرژی و منابع
- بهبود کیفیت هوای داخل مدرسه
- حذف مواد سمی از محل یادگیری و بازی دانش‌آموزان
- بهره‌گیری از روشنایی طبیعی و بهبود آکوستیک کلاس‌ها
- کاهش بار بر روی سیستم آب شهری و سیستم فاضلاب
- تقویت مدیریت پسماند
- ارتقاء فرهنگ مراقبت از زیستگاه حیوانات (لانه پرندگان،...)[۲۳]

پارامترهای ضروری (تکنیک‌های طراحی - مهندسی) برای ایجاد یک مدرسه سبز

- انتخاب محل مدرسه در نزدیکی ایستگاه‌های حمل و نقل عمومی (اتوبوس، مترو،...) به جهت کاهش سفرهای درون شهری و کاهش آلودگی هوا
- انتخاب محل مدرسه در مناطقی با سرانه فضای سبز بالا و نورگیر به منظور بهره‌گیری حداکثری از نور طبیعی
- طراحی سیستم آبیاری و ذخیره آب به منظور کاهش مصرف آب شهری
- طراحی سیستم‌های انرژی (گرمایشی- سرمایشی) و تامین نور با تکیه بر بهره‌گیری از انرژی‌های پاک
- استفاده از مواد غیرسمی، تجزیه‌پذیر در طبیعت و بازیافت شونده [۲۳]

چک لیست

چک لیست زیر، یک واحد آموزشی را از لحاظ میزان سبز بودن (انطباق بر اصول حفاظت محیط زیست) ارزیابی می‌کند [۲۳]:

		کیفیت هوای داخل ساختمان و تهویه مطبوع
		درجه حرارت مناسب
		آکوستیک (عایق صوتی ساختمان)
		نورگیر
		استفاده از پنل‌های خورشیدی
		بام سبز
		استفاده بهینه از آب
		استفاده بهینه از انرژی
		سیستم روشنایی کم مصرف
		قارچ‌زدایی (ویژه‌ی مناطق مرطوب)
		استفاده مشترک از تجهیزات (برای مثال: دستگاه کپی، پرینتر، ویدئو پروژکتور)
		تفکیک و بازیافت پسماندها
		استفاده از مواد و مصالح کم تشعشع (سنگ‌های غیرگرانیتی،...)
		دسترسی آسان به وسایل حمل و نقل عمومی
		استفاده بهینه از مواد و تجهیزات
		ایمنی و امنیت مدرسه
		نظم
		مکان‌یابی اصولی محل مدرسه
		کنترل منابع آلاینده و شیمیایی

بخش سوم: مدیریت پسماند

اهمیت مدیریت پسماند (زباله)

امروزه پسماند یا زباله دیگر به مفهوم یک چیز زاید و بی ارزش نیست بلکه پسماند در حکم مواد ثانویه با ارزش برای صنایع و کارخانجات محسوب میشود به شرطی که فرایندهای ضروری از قبیل جداسازی صحیح و بازیافت بر روی آن صورت گیرد و به شکل قابل استفاده جهت مصرف صنایع تبدیل شود.

تعریف پسماند

به مواد جامد، نیمه جامد و مایع (به استثنای فاضلاب) گفته می‌شود که به‌طور مستقیم یا غیرمستقیم حاصل فعالیت انسان بوده و از نظر تولید کننده، زائد تلقی می‌شود [۱]. به‌طور کلی پسماندها به دو دسته تر و خشک طبقه‌بندی می گردند.

پسماند تر

پسماند تر که به آن پسماند آلی، ارگانیک یا فساد پذیر نیز می‌گویند شامل پسماندهای مواد غذایی مثل باقیمانده غذا، پوست میوه و سبزیجات، تفاله چای و همچنین پسماندهای باغبانی و فضای سبز می‌باشد. پسماندهای غذایی مهمترین قسمت زباله تر می باشد، چرا که از یک سو به دلیل تخمیر و فساد سریع، بوی نامطبوع تولید کرده و محل مناسبی برای رشد و تکثیر مگس و سایر حشرات و جوندگان است و از سوی دیگر به دلیل قابلیت تهیه کود از آن (کمپوست) از اهمیت به سزایی برخوردار می‌باشد. [۲]

پسماند خشک

پسماندهای خشک به ویژه کاغذ، مقوا، نایلون، پلاستیک، فلزات آهنی و غیر آهنی و شیشه از ارزش اقتصادی و زیست محیطی برخوردار بوده و در صورت تفکیک صحیح، به صورت مواد خام ثانویه در کارگاهها و کارخانجات بازیافت برای تولید محصولات جدید استفاده می‌شوند تا از اتلاف منابع و سرمایه‌های ملی جلوگیری به عمل آید.[۲]

تصویر ۱: انواع پسماند خشک که می بایست به تفکیک جداسازی شود

مدیریت پسماند در کلاس‌ها

با توجه به بودجه اندک مدارس در کشورمان، یک روش مقرون به صرفه برای جمع آوری و تفکیک صحیح پسماندها در کلاس‌ها، اختصاص دو سطل یا مخزن کوچک یکی برای جمع‌آوری پسماندهای کاغذی (ترجیحا به رنگ آبی) و دیگری برای سایر پسماند های خشک (از قبیل پاکت بسته‌بندی مواد غذایی، بطری نوشیدنی ها و...) می باشد. نصب برچسب راهنما بر روی سطل‌ها به تسهیل جداسازی کمک می‌کند. استفاده از رنگ‌های یکسان برای سطل‌ها در کل محیط مدرسه دراجرای موفق طرح تفکیک بسیار مؤثر است.

تصویر ۲: سطل ذخیره سازی و تفکیک پسماند های خشک در کلاس

مدیریت پسماند در حیاط

به منظور جمع‌آوری پسماندها در حیاط مدرسه می‌توان سطل ها یا مخازن بزرگ ترجیحا دارای پدال و چرخ با ظرفیت برای مثال ۱۲۰ لیتری و با دو رنگ مختلف برای جمع آوری پسماند غذا و پسماند خشک غیر از کاغذ تهیه شود. بدین منظور می‌توان از سطل‌های اهدایی ادارات بازیافت شهرداری‌های نواحی یا مناطق نیز بهره مند شد.

تخلیه روزانه سطل پسماند تر و هفتگی برای پسماندهای خشک ضروری است. نصب برچسب راهنما بر روی سطل‌ها جهت اطلاع‌رسانی نسبت به نوع پسماندهایی که می‌بایست در این دو سطل قرار گیرند نیز کمک مؤثری برای بهبود روند کار خواهد بود. محل قرارگیری سطل‌ها در یک نقطه مسقف در حیاط مدرسه جهت در امان ماندن سطل‌ها در برابر آفتاب و بارش و نهایتاً ذخیره‌سازی بهتر پسماندها نیز اقدامی ضروری تلقی می‌شود.

تصویر ۳: مخازن حیاط مدرسه (راست: پسماند غذا؛ چپ: پسماند خشک غیر از کاغذ)

مدیریت پسماند در آشپزخانه، آبدارخانه و بوفه مدرسه

به منظور جداسازی پسماندهای تر از خشک در آشپزخانه، آبدارخانه و بوفه مدرسه با توجه به محدودیت فضا، یک سطل دارای درب و پدال برای پسماندهای تر و همچنین اختصاص کیسه‌ای بزرگ جهت جمع‌آوری پسماندهای خشک غیر کاغذی توصیه می شود. نظارت مربی بهداشت بر انجام مستمر و دقیق طرح تفکیک در آشپزخانه و آبدارخانه توسط پرسنل خدماتی ضروری است!

تصویر ۴: تفکیک پسماندهای تر و خشک در آشپزخانه و آبدارخانه توسط پرسنل خدماتی

دفع پسماندها

پسماند تر در مدارس می‌تواند توسط دانش‌آموزان با نظارت مربی بهداشت در محوطه فضای سبز مدرسه دفن، کمپوست و یا دفع گردد.

به منظور دفن پسماندهای آلی از قبیل پوست میوه و بقایای مواد غذایی، در خاک باغچه یا گلدان حفره‌ای متناسب با حجم پسماند با استفاده از بیلچه ایجاد کرده، مواد را در آن ریخته و روی آنرا با خاک می‌پوشانیم تا روند تجزیه و خاکسازی به‌طور طبیعی صورت گیرد. اینکار منجر به پوکی و مرغوبیت خاک باغچه یا گلدان می‌شود.

تصویر ۵: نمونه خاک تولیدشده از پسماندهای آلی در دبستان غیردولتی شهریار

به منظور تهیه کمپوست از پسماندهای آلی تولید شده در مدرسه، در بخش پیوست این کتاب، روش و ابزار لازم جهت اجرای بسیار ساده این طرح تشریح گردیده است. دفع پسماندهای آلی می‌بایست توسط پرسنل خدماتی یا سرایدار مدرسه در پایان روز در مخازن بزرگی که معمولاً توسط شهرداری‌ها برای جمع آوری پسماندهای تر در اطراف مدارس تعبیه شده است، انجام پذیرد.

تصویر ۶: مخزن جمع‌آوری پسماند تر و تخلیه آن توسط شهرداری

هماهنگی با واحد بازیافت منطقه یا شهرداری ناحیه جهت ارسال وانت برای جمع‌آوری کیسه‌های تفکیک شده پسماند خشک توسط پرسنل خدماتی مدرسه زیر نظر مربی بهداشت و محیط زیست صورت گیرد.

تصویر ۷: جمع‌آوری پسماندهای خشک توسط شهرداری یا پیمانکاران جمع‌آوری و تفکیک پسماندهای خشک (تصویر سمت راست)، غرفه بازیافت جهت خرید پسماندهای خشک تفکیکی توسط شهروندان (تصویر سمت چپ)

اختصاص محلی مسقف، دارای حفاظ و دور از دسترس دانش‌آموزان در مدرسه جهت دپو (ذخیره‌سازی) موقت اینگونه پسماندها تا فرا رسیدن موعد جمع‌آوری توسط عوامل بازیافت شهرداری، ضروری است.

راهکارهای پیشنهادی جهت جلوگیری از تولید پسماند

- استفاده از ظروف استیل بجای ظروف یکبار مصرف برای سرو غذا در مدارس (در صورتی‌که تهیه غذای دانش‌آموزان توسط مدرسه صورت می گیرد)

تصویر ۸: سرو غذای مدرسه در ظرف‌های استیل (دبستان غیردولتی شهریار)

- تحویل کاغذهای باطله‌ی منزل به مدرسه تا از آن طریق به عوامل بازیافت شهرداری تحویل داده شوند

- اهداء کتاب‌های خوانده شده به دیگران

- استفاده از کاغذهایی که یک سمت سفید دارند مثل کاغذهای پرینت

- اطعام حیوانات با استفاده از بقایای غذای روزانه بویژه در فصول سرد سال

- طراحی ظرف غذای پرندگان با استفاده از بطری پلاستیکی

تصویر ۹: تبدیل بطری نوشیدنی (PET) به محل تغذیه پرندگان

- استفاده از کاغذهای بازیافتی جهت پرینت و کپی (در صورت امکان)

- سنجش میزان تولید پسماند روزانه کلاس‌ها

- اجرای برنامه مدیریت و عدم تولید پسماند (zero-waste) در کلاس‌ها

- کاهش استفاده از کاغذ و حرکت بسوی دیجیتال شدن

- استفاده از فلش مموری بجای لوح فشرده (سی دی و دی وی دی)

بخش چهارم: مدیریت آب

آب نخستین کلمه‌ای است که هر دانش‌آموز در آغاز تحصیل خود یاد می‌گیرد، اما همین کلمه ساده زمانی اهمیت خود را نشان می‌دهد که بدون آن حیات بشری از بین می‌رود [۳]. ایران از نظر جغرافیایی دربخش نیمه خشک و خشک جهان قرارگرفته به شکلی که میانگین بارش درایران حدود ۲۵۰ میلیمتر است درحالی که میانگین جهانی حدود ۸۵۰ میلیمتراست یعنی بیش از سه برابر ایران [۴]. طبق استاندارد جهانی میانگین مصرف آب به ازای هر نفر در شبانه روزحدود ۱۵۰ لیتر است درحالی که درایران این عدد بیش از ۲۵۰ لیتر است [۴]. قیمت تمام شده هر متر مکعب آب برای وزارت نیرو ۱۵۰۰۰ ریال می‌باشد [۵]. طبق جدول ارایه شده توسط شرکت تامین و تصفیه آب و فاضلاب تهران، تعرفه آب بهای مدارس در سال ۱۳۹۴، ۲۶۴۰ ریال و تعرفه دفع فاضلاب ۵۰۶ ریال به ازاء هر لیتر محاسبه شده است [۶]. بنابراین چه از لحاظ زیست محیطی و چه از لحاظ اقتصادی، ناچار به صرفه‌جویی و مصرف بهینه آب هستیم.

مدیریت مصرف آب در آبخوری حیاط مدرسه

به منظور حفظ بهداشت دانش آموزان و جلوگیری از اتلاف آب شرب در مدارس می‌بایست تمهیداتی جهت جلوگیری از آشامیدن آب با دست توسط دانش آموزان اندیشید. بدین منظور حضور بهداشت یاران (که از میان دانش‌آموزان انتخاب می‌شوند) جهت کنترل استفاده دانش‌آموزان از لیوان، قمقمه و یا بطری آب ضروری می‌باشد.

آموزش بهداشت یاران جهت نحوه‌ی برخورد صحیح با دانش‌آموزان خاطی نیز بسیار حائز اهمیت است. همچنین استفاده از شیرآلات زمان دار اهرمی یا سنسور دار به حفاظت از منابع آب شرب در مدارس کمک می‌کند. کنترل نشتی شیرآلات و گرفتگی آبخوری‌ها و نصب علایم آموزشی و هشدار دهنده در کنار آن ضرورت دارد.

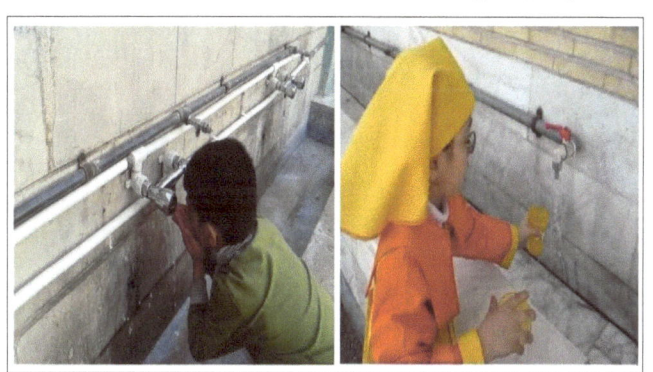

تصویر ۱۰: مدل رفتاری در آبخوری مدارس [۷]

مدیریت مصرف آب در سرویس بهداشتی (دستشویی و توالت)

در این بخش نیز آموزش در اولویت قرار دارد. علاوه بر آموزش رعایت نکات بهداشتی، آموزش جلوگیری از اتلاف آب در این سرویس‌ها نیز ضروری است. نصب علایم هشدار دهنده جهت جلوگیری از اتلاف آب در بالای شیرآلات روشویی، سیفون و پشت درب توالت‌ها ضروری است. ضمنا دفع صحیح و بهداشتی پساب و فاضلاب سرویس های بهداشتی از اهم مواردی است که می‌بایست مورد نظارت مستمر قرار گیرد.

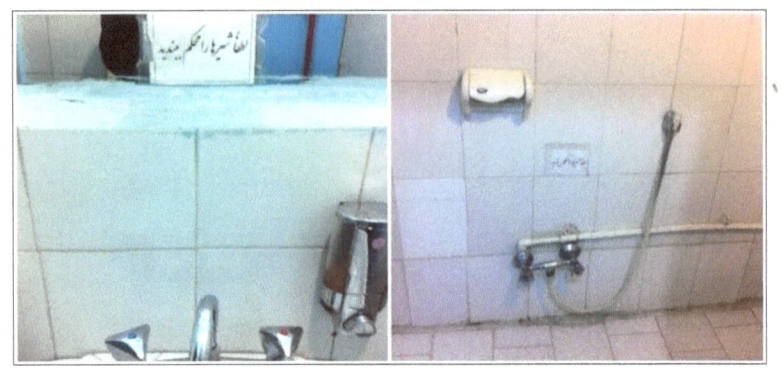

تصویر ۱۱: نصب برچسب هشدار دهنده صرفه‌جویی در مصرف آب در سرویس بهداشتی مدارس (دبستان غیردولتی شهریار)

مدیریت مصرف آب در آشپزخانه، آبدارخانه و بوفه مدرسه

بدین منظور آموزش پرسنل خدماتی و همچنین نظارت بر این بخش توسط مربی بهداشت و محیط زیست جهت کنترل بهداشت و جلوگیری از اتلاف آب اهمیت فراوان دارد. همچنین آموزش پرسنل خدماتی جهت استفاده بجا از آب بر جای مانده در سماور یا کتری و عدم دور ریز آن (برای مثال: استفاده برای آبیاری گلدان‌ها) در صورت امکان حرکتی مثبت تلقی می‌شود. ضمنا عدم گرفتگی سینک ظرفشویی و دفع روان آب در این سه محل (آشپزخانه، آبدارخانه و بوفه) بسیار مهم است.

تصویر ۱۲: آبدارخانه مدرسه

راهکارهای پیشنهادی جهت جلوگیری از هدر رفت آب

- در صورت بهره‌گیری مدرسه از آشپز جهت طبخ و ارائه غذای گرم روزانه به دانش‌آموزان، آموزش زیست محیطی پرسنل آشپزخانه نیز بر عهده‌ی مربی بهداشت مدرسه می‌باشد

- عدم باز گذاشتن شیر آب در حین صحبت با دیگران، مسواک زدن یا وضو گرفتن

- چنانچه در سرویس آبخوری مدرسه از مایع دستشویی استفاده نمی گردد، می توان خروجی پساب آنرا به یک مخزن ذخیره ی آب جهت آبیاری فضای سبز یا شستشوی حیاط مدرسه، منتقل نمود.

بخش پنجم: مدیریت انرژی (برق و گاز)

برق

همانطور که می‌دانیم انرژی برق از مهم‌ترین منابع انرژی جهان و از اساسی ترین نیازهای زندگی در قرون جدید بشمار می‌رود، از مصارفی چون روشنایی منازل و معابر گرفته تا در بکارگیری تلفن و تلویزیون و نیز استفاده‌های صنعتی و پزشکی. روش‌های عمده‌ی تولید برق شامل نیروگاه آبی، حرارتی، اتمی، بادی و خورشیدی می‌باشد [۸]. بیشترین سوخت فسیلی در ایران برای تولید برق مصرف می‌شود. تولید و مصرف برق منجر به تولید گازهای گلخانه‌ای (عمدتا دی اکسید کربن و متان) و آلودگی هوا می شود. هزینه سالیانه تولید برق در ایران ۳۰۰ هزار میلیارد ریال است. برای تولید هر کیلووات ساعت برق حدود ۸۵۰ ریال هزینه می‌شود در حالی که به‌طور متوسط حدود ۵۰۰ ریال از مشترک دریافت می‌شود [۹]. لذا علاوه بر اهمیت زیست محیطی آن، از دیدگاه اقتصادی نیز حائز اهمیت است.

گاز

گاز طبیعی نوعی سوخت فسیلی گازی شکل است. گاز طبیعی سوختی است که معمولاً اثرات زیان‌آور کمتری نسبت به سوخت‌های فسیلی دارد و جزء منابع تجدید ناپذیر می‌باشد. همچون سایر سوخت‌های فسیلی، مصرف این سوخت نیز منجر به افزایش گازهای گلخانه‌ای و گرمایش جو زمین می‌گردد [۱۰].

منشاء گاز طبیعی، بقایای گیاهان و جانورانی است که اجساد آنها طی میلیون‌ها سال به قسمت‌های زیرین دریاچه‌ها و اقیانوس‌های قدیمی رانده شده بتدریج تجزیه و به صورت عناصر آلی درآمده و بر اثرفشار و گرمای درونی زمین به نفت و گاز تبدیل و در مخازن زیر زمینی و در عمق سه تا چهار هزار متری و با فشار حدود چند صد اتمسفر ذخیره گردیده است. گاز طبیعی به هنگام استخراج دارای ناخالصی‌هایی مانند شن، ماسه، آب شور و گازهای اسیدی می‌باشد که در پالایشگاه‌های گاز تصفیه شده و به‌صورت گاز قابل مصرف در می‌آید. گاز پالایش شده از طریق خطوط لوله انتقال گاز فشار قوی به شهرها و مراکز مصرف منتقل می‌شود [۱۱]. تعرفه مصوب گاز طبیعی در سال ۱۳۹۳ در مراکز آموزشی ۸۰۵ ریال محاسبه گردید [۱۲] در حالی‌که طبق آخرین آمار منتشره در سال ۱۳۸۹، تعرفه تولید هر مترمکعب گاز طبیعی در ایران ۹۰۰ ریال لحاظ شده است [۱۳]. این تخفیف تعرفه برای مراکز آموزشی، از سویی نشانگر اهمیت و اولویت این مراکز در مقوله تأمین انرژی در کشور می‌باشد و از سوی دیگر نیازمند صرفه‌جویی و استفاده صحیح از این منبع انرژی تجدید ناپذیر است.

مدیریت مصرف برق و گاز در کلاس‌ها

به منظور جلوگیری از هدر رفت انرژی برق در کلاس‌هایی که نورگیر هستند، خاموش کردن لامپ‌های روشنایی در ساعات روز توصیه می‌شود. چنانچه استفاده از روشنایی طبیعی مهیا نیست، استفاده از لامپ‌های کم مصرف نسل جدید (LED) به منظور تأمین روشنایی کلاس‌ها روشی مقرون به صرفه و زیست محیطی محسوب می‌شود. یک راهکار مقرون به صرفه در بلند مدت، تبدیل سیستم روشنایی کلاس‌ها به حالت هوشمند (بهرگیری از سنسور) می باشد.

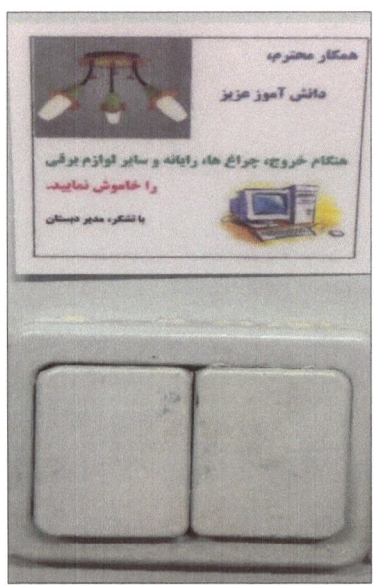

تصویر ۱۳: نصب برچسب صرفه‌جویی بر روی کلیدهای روشنایی (دبستان غیردولتی شهریار)

به منظور استفاده از وسایل کمک آموزشی از قبیل ویدئو پروژکتور و کامپیوتر با توجه به اینکه این قبیل تجهیزات معمولاً از قبل در مدارس تهیه شده (با یا بی توجه به میزان مصرف انرژی آنها) لذا تنها کار مثبت، نصب علایم هشدار دهنده در کنار آنها و توجه دانش‌آموزان، معلم و پرسنل خدماتی نسبت به خاموش نگاه داشتن این وسایل پس از استفاده می‌باشد.

ابزار تامین گرمایش کلاس‌ها (بخاری و رادیاتور) و سوخت مورد استفاده اینها در اکثر شهرهای کشورمان گاز طبیعی می‌باشد. لذا تنظیم درجه حرارت مناسب در فصول سرد سال معمولا رویه‌ای منطقی برای تامین گرمایش کلاس درس می‌باشد. البته تعداد دانش‌آموزان حاضر در کلاس، ابعاد کلاس، پنجره های دوجداره، وضعیت هوا (آفتابی یا ابری) و نورگیر بودن کلاس همگی از عوامل تاثیر گذار بر تنطیم گرمایش یا سرمایش کلاس می‌باشند. استفاده از یک دماسنج و توجه روزمره به آن نیز برای تنظیم درجه حرارت مناسب مفید است.

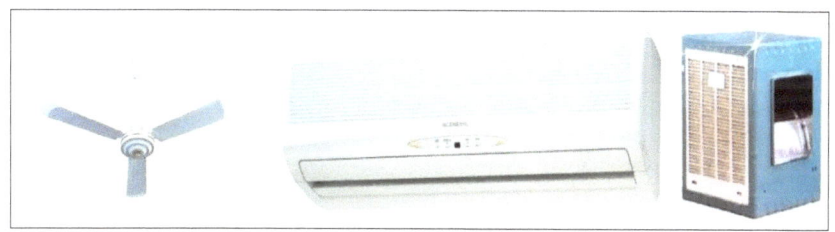

تصویر ۱۴: تجهیزات سرمایشی قابل استفاده در مدارس

از میان سیستم‌های سرمایشی مورد استفاده در کشورمان می‌توان به کولر گازی، کولر آبی و پنکه (سقفی و رومیزی) اشاره کرد که از این میان، کولر گازی با توجه به میزان بالای مصرف برق و کولر آبی با توجه به مصرف همزمان برق و آب گزینه‌های مناسبی در شهرهایی با آب و هوای سرد، معتدل و یا شهرهایی که در آنها سرعت وزش باد بالاست، نمی‌باشند.

تصویر ۱۵: هدایت آب خروجی از کولرهای گازی (اسپیلیت) از طریق شلنگ به داخل باغچه

(دبستان غیردولتی شهریار)

در مورد کولرهای گازی (اسپیلیت) استفاده از حالت استند بای یا خاموش کردن مقطعی آنها به کاهش مصرف برق کمک می‌کند. آب خروجی از کولرهای گازی که به دلیل میعان صورت گرفته در این کولرها (جذب رطوبت موجود در فضای اتاق و تبدیل آن به مایع) تشکیل می‌شود را می‌توان جمع‌آوری و جهت آبیاری درختان یا گلدان‌ها استفاده کرد. در هنگام خروج دانش‌آموزان از کلاس، خاموش کردن این کولرها کمک شایانی به کاهش مصرف برق می‌نماید.

تصویر ۱۶: استفاده از سایه‌بان برای کولرهای آبی در فصول گرم

در مورد کولرهای آبی نیز توجه به نصب سایبان، عدم نشتی شلنگ آبرسان، تعویض به موقع پوشال و خاموش کردن کولر در هنگام خروج دانش‌آموزان از کلاس بسیار مهم است.

مطلوب‌ترین گزینه در تامین انرژی مورد نیاز برای روشنایی، سرمایش و گرمایش کلاس‌ها، استفاده از انرژی خورشیدی می‌باشد. برخورداری از روزهای آفتابی فـراوان و همچنین حمایت ارگان‌هایی چون سازمان انرژی‌های نو در توسعه ایـن تجهیـزات در مدارس، از مزایای این طرح می‌باشد.

تصویر ۱۷: استفاده از آبگرمکن خورشیدی در مدارس

مدیریت مصرف برق و گاز در حیاط مدرسه

معمولاً مصرف برق در حیاط مدرسه در دو بخش سیستم صوتی و سرویس‌های بهداشتی می‌باشد لذا اهتمام دانش‌آموزان به خاموش نمودن لامپها پس از استفاده و همچنین توجه پرسنل خدماتی به این مقوله بویژه پس از نظافت روزمره سرویسها امکان مصرف برق در این بخش را به حداقل می‌رساند. نصب علایم هشدار دهنده در کنار کلیدهای روشنایی نیز در داخل سرویس‌ها ضروری است.

مدیریت مصرف برق و گاز در آبدارخانه، آشپزخانه و بوفه مدرسه

این سه بخش مدرسه شامل آبدارخانه (جهت فراهم آوردن میان وعده برای کادر مدرسه)، آشپزخانه (برای تهیه صبحانه و ناهار دانش‌آموزان) و بوفه (جهت تهیه و فروش اغذیه) بیشترین مصرف انرژی، منابع و تولید پسماند را دارا می باشند. لذا آموزش پرسنل و نظارت بر این بخش منجر به صرفه‌جویی در مصرف انرژی و منابع خواهد شد.

راهکارهای پیشنهادی جهت جلوگیری از هدر رفت انرژی

- استفاده از پنجره های دوجداره

- استفاده از نوارهای درزگیر

- استفاده از دماسنج در کلاس‌ها به منظور کنترل درجه حرارت مناسب (۲۰-۲۳ درجه سانتیگراد [۲۱])

- استفاده از لباس‌های گرم در فصول سرد سال بجای افزایش درجه حرارت وسایل گرمایشی

- استفاده حداکثری از روشنایی روز بجای استفاده از سیستم روشنایی

- محاسبه میزان مصرف برق کلاس‌ها به تفکیک از طریق شمارش تعداد لامپ‌ها و محاسبه میزان مصرف آنها (وات/ساعت)

- اضافه کردن ساعت خاموشــی (lights-off) روزانـه بـه برنامـه هفتگـی مدارس جهت کاهش مصرف برق.

- استفاده از نسل جدید لامپ‌های کم مصرف (ال ای دی) در مقایسه بـا نسل های قبلی همچون لامپ نئون، لامپ هالوژن و لامـپ فلوروسـنت (مهتابی)، موجب کاهش چشمگیر مصرف برق می‌گردد.

- قرار دادن کامپیوترها به حالت خواب (sleep mode) بجای محافظ خودکار صفحه نمایش (screensaver). اینکار موجب کاهش ۶۰ تا ۷۰ درصدی مصرف برق در این دستگاه‌ها می‌گردد. [۲۲]

- استفاده از سرویس مدارس و وسایل حمل و نقل عمومی

بخش ششم: مدیریت کیفیت هوای داخل (IAQ) ساختمان مدرسه

اکثریت مردم تنها نسبت به آلودگی هوای بیرون (outdoor air pollution) بر سلامتی خود حساس هستند در صورتی‌که آلودگی هوای داخل (indoor air pollution) می‌تواند تاثیرات جدی و خطرناکی بر سلامتی افراد داشته باشد. [۲۵]

تحقیقات آژانس حفاظت محیط زیست آمریکا در مورد قرار گرفتن افراد در معرض آلودگی هوای داخل ساختمان نشان داده است که سطح این آلودگی در ساختمان‌ها می‌تواند دو تا صد برابر بیش از آلودگی هوای بیرون باشد. این سطح از آلودگی هوای داخل بسیار نگران کننده است چرا که بیشتر افراد در حدود ۹۰ درصد از زمان روزانه خود را در داخل ساختمان‌ها سپری می‌کنند. [۲۵] مدیریت صحیح کیفیت هوای داخل (IAQ) ساختمان شامل مراحل کلی زیر می‌باشد: [۲۵]

- کنترل آلاینده‌های موجود در هوا
- انتقال مناسب هوای بیرون به داخل
- نگهداری درجه حرارت و رطوبت داخل ساختمان در حد قابل قبول

منابع آلاینده بیرونی نیز می‌بایست مورد توجه قرار گیرند چرا که هوای بیرون از طریق درب، پنجره و سیستم‌های تهویه وارد ساختمان مدرسه می‌گردند. بدین دلیل، حمل و نقل و فعالیت هایی که در بیرون ساختمان مدرسه انجام می‌شود نیز بر سطح آلودگی داخل ساختمان مدرسه تاثیر می‌گذارد. [۲۵]

علت اهمیت کیفیت هوای داخل ساختمان

در سال‌های اخیر، آلودگی هوای داخل ساختمان در میان پنج مخاطره مهم زیست محیطی برای سلامت عمومی جوامع قرار گرفته است. قصور در جلوگیری و یا پاسخ سریع به مشکلات مربوط به کیفیت هوای داخل ساختمان منجر به بروز موارد زیر در دانش‌آموزان و کادر مدرسه می‌گردد: [۲۵]

- سرفه
- خارش چشم
- سردرد
- حساسیت‌های آلرژیک
- مسمومیت مونوکسید کربن
- تشدید آسم و سایر بیماری‌های تنفسی

بروز موارد فوق منجر به افزایش غیبت دانش آموزان در مدرسه می‌گردد. در حال حاضر ۶ تا ۱۰ درصد از کودکان ایرانی در طول زندگی خود مبتلا به آسم می‌شوند و این بیماری در میان کودکان کشورمان رو به افزایش است [۲۶]. شواهد قابل توجهی وجود دارد که قرار گرفتن در معرض مواد حساسیت‌زای داخل ساختمان (همچون گرد و غبار و قارچ‌ها) نقش مهمی در تشدید علایم آسم دارد. این مواد حساسیت‌زا در مدارس به وفور یافت می‌شوند. همچنین قرار گرفتن در معرض آلاینده‌های ناشی از گازوییل (دیزل) منجر به تشدید آسم و آلرژی می‌شود. [۲۵]

در مجموع، کودکان در مقایسه با بزرگسالان، در برابر عوارض زیست محیطی آسیب پذیرتر می باشند. همچنین خردسالان نسبت به بزرگسالان، هوای بیشتری را در هنگام تنفس به داخل ریه های خود می‌کشند و غذا و آب بیشتری نسبت به وزن بدن خود می‌خورند. بنابراین کیفیت هوای داخل مدارس بسیار اهمیت دارد. [۲۵]

منابع اصلی آلاینده ی هوای داخل ساختمان مدارس

- آلاینده‌هـای شـیمیایی ناشـی از مـواد آلـی فـرار یـا VOCs (همچـون فرمالدئیدها، حلال‌ها، آفت کش‌ها و مواد شیمیایی مورد اسـتفاده جهـت نظافت مدرسه)

- سندرم ساختمان بیمار یا سربسـته (عـدم تهویـه مناسـب هـوای داخـل ساختمان)

- آلاینده های ناشی از احتراق (اسـتفاده از وسـایل گرمایشـی و تجهیـزات پخت و پز)

- آلاینده‌های بیولوژیک (همچون قارچ‌ها، گرد و غبار و موی حیوانات)

- فلزات سنگین (همچون سرب معلق و بخار جیوه موجود در هوا)

- دود ناشی از مصرف دخانیات

- ساختمان‌های قدیمی (بواسطه قدمت مصالح مورد استفاده و همچنین رنگ‌آمیزی با رنگ‌های دارای بنیان سربی)

- دستگاه‌ها و تجهیزات مورد استفاده در مدارس (کامپیوترها، دستگاه‌هـای فتوکپی، پرینترها و...)

- دما و رطوبت بالا (تاثیر این فاکتور در فصول گرم و همچنین در منـاطق گرمسیر و مرطوب جدی تر می‌باشد)

- استفاده از مصالح پرتوزا (همچون سنگ‌های گرانیتی)
- وجود رطوبت در دیوارها یا سقف کلاس‌ها
- استفاده از موکت یا فرش در کف [۲۵] [۲۷]

سنجش کیفیت هوای داخل ساختمان

بدین منظور می‌بایست پارامترهای تاثیرگذار بر کیفیت هوای داخل ساختمان همچون دی اکسید کربن، مونوکسید کربن، ذرات معلق، ترکیبات آلی فرار، دما، رطوبت و... تعیین گردند و از دستگاه‌های اندازه‌گیری جهت سنجش میزان پارامترهای مذکور استفاده و انحراف آنها از میزان استاندارد محاسبه شود (معمولا اینکار توسط شرکت‌های آنالیز و پایش محیط زیست صورت می‌پذیرد).

اقدام برای بهبود کیفیت هوای ساختمان در مدارس

با توجه به عمر بالای ساختمان اکثر مدارس در کشور و تاثیر مستقیم ساختمان های قدیمی‌تر (بواسطه‌ی مصالح بکار رفته در آن‌ها) در افزایش مشکلات کیفی هوای داخل ساختمان، نوسازی مدارس با مصالح استاندارد بسیار مهم است. سلامتی و راحتی دانش‌آموزان و معلمین مهمترین فاکتور از میان تمامی فاکتورهای مؤثر بر موفقیت روند آموزش می‌باشد. ایجاد یک محیط سلامت و راحت، سرمایه‌گذاری بر روی دانش‌آموزان و کادر مدرسه محسوب می‌شود. عدم پاسخگویی به موقع و موثر به ضعف کیفی هوای داخل ساختمان در مدارس منجر به بروز پیامدهای جدی خواهد شد.

راهکارهای پیشنهادی به منظور بهبود کیفی هوای داخل ساختمان در مدارس

- آموزش کارکنان و دانش‌آموزان و اولیاء آنها راجع به اهمیت کیفیت هوای داخل ساختمان و تاکید بر نقش آنها در کمک به بهبود سلامت محیط زیست در مدارس

- نوسازی مدارس و توجه به تهویه صحیح هوای داخل ساختمان
- برگزاری متناوب کلاس‌ها در محیط های باز همچون حیاط مدرسه یا پارک‌ها و تفرجگاه‌ها
- استفاده از سرامیک یا کفپوش بجای موکت در کف
- نظافت روزانه مدرسه (پس از خروج دانش‌آموزان از مدرسه)
- دوری جستن ازمواد حساسیت‌زا
- استفاده از جاروبرقی در کنار شستشوی کف
- رعایت درجه حرارت استاندارد و کاهش رطوبت کلاس‌ها
- عدم استعمال دخانیات توسط کادر مدرسه
- استفاده از دستگاههای تصفیه هوا
- استفاده از شوینده ها و ضدعفونی کننده های حاوی پراکسید هیدروژن، اسید سیتریک و روغن آویشن (تیمول) جهت نظافت محیط مدرسه [۲۴]. استفاده از وایتکس به عنوان ضدعفونی کننده کف در ساختمان مدرسه بلامانع است به شرطی که پرسنل خدماتی آموزش های ضروری جهت ایمنی و کار با مواد ضدعفونی کننده را فرا گرفته باشند. اینگونه مواد می‌بایست از دسترس دانش‌آموزان و سایرین دور نگاه داشته شوند.
- عدم استفاده از عود و خوشبو کننده‌های هوا
- استفاده از پکیج و رادیاتور بجای بخاری (بویژه بخاری های گازی)
- سمپاشی ساختمان (جهت مهار حشرات و جوندگان موذی) با سموم سازگار با محیط زیست [۲۵] [۲۷]

بخش هفتم: توسعه فضای سبز

فواید فضای سبز در مدارس

ایجاد سایه جهت استفاده دانش‌آموزان در مواقع لزوم، حفاظ در مقابل باد و باران، پناهگاه پرندگان، جذب انرژی و گرمای هوا و خنک نمودن آن توسط تبخیر، تصفیه و جذب گرد و غبار هوا، تأثیر مثبت در مناظر و دیدگاه‌ها، حفاظت در مقابل سر و صدا، کنترل انعکاس نورهای مزاحم و کنترل باران و اثرات مثبت روحی و روانی بر دانش‌آموزان تنها بخشی از مزیتهای فضای سبز محسوب می شوند. قابل ذکر است هرچه محیط آموزشی از فضای سبز بیشتری برخوردار باشد در یادگیری بهتر دانش‌آموزان تأثیر بسزایی داشته و از لحاظ روحی رنگ سبز به آنها آرامش خاصی می‌دهد و می‌توانند مطالب درسی را بهتر درک، تجزیه و تحلیل نمایند. [۱۵]

سرانه فضای سبز در ایران

براساس مطالعات و بررسی‌های وزارت مسکن و شهرسازی، سرانه متعارف و قابل قبول فضاهای سبز شهری در شهرهای ایران بین ۷ تا ۱۲ مترمربع برای هر نفر است که در مقایسه با شاخص تعیین شده از سوی دفتر محیط زیست سازمان ملل متحد (۲۰ تا ۲۵ مترمربع برای هر نفر)، رقم کمتری است [۱۶]. متاسفانه تا زمان تهیه این کتاب هیچ آمار یا منبع موثقی جهت تعیین استاندارد سرانه فضای سبز محیط‌های آموزشی در کشور یافت نشد.

معرفی برخی گونه‌های گیاهی مناسب برای کاشت در مدارس

از میان گونه‌های مختلف گیاهی موجود، برای مدارس باید از گونه‌هایی استفاده کرد که علاوه بر زیبایی دارای رشد مناسب بوده و سازگار با کم آبی باشد. برخی از گونه‌های گیاهی مناسب جهت کاشت در مدارس عبارتند از: بید، کاج، سرو، زبان گنجشک، اقاقیا، چنار، ارغوان، افرا، یاسمن و صنوبر. [۱۵]

توسعه فضای سبز در کلاس

ترغیب دانش‌آموزان به داشتن هر نفر یک گلدان در کلاس یا راهروی مدرسه و نگهداری از آن (آبیاری ، خاکدهی با استفاده از کود کمپوست تهیه شده توسط خود دانش‌آموزان، هرس و ...) در طول سال تحصیلی روشی بسیار کاربردی و کم هزینه جهت توسعه فضای سبز کلاس‌ها می‌باشد. برچسب‌گذاری هر گلدان به نام صاحب آن و همچنین تعیین برنامه زمان‌بندی آبیاری گلدان‌ها یا استفاده از دستگاه رطوبت سنج خاک می‌تواند به اجرای موفق و مستمر طرح کمک کند.

تصویر ۱۸: توسعه فضای سبز با مشارکت خود دانش‌آموزان (دبستان غیردولتی شهریار)

توسعه فضای سبز در حیاط مدرسه

با توجه به موارد تشریح شده در ابتدای این بخش راجع به اهمیت فضای سبز در ارتقاء وضعیت روحی و یادگیری دانش‌آموزان، توسعه فضای سبز حیاط مدرسه به دلیل داشتن فضای باز و امکان کاشت درخت در آن از اهمیت دو چندان برخوردار است.

در حیاط مدرسه می‌توان موارد تدریس شده راجع به گلکاری، درخت‌کاری و توسعه فضای سبز را به‌صورت کاربردی توسط خود دانش‌آموزان به اجرا درآورد. بدین منظور اختصاص بخشی از حیاط به فضای سبز ضروری است. تهیه نهال یا گیاهان زینتی، کود ترکیبی (کود کمپوست و کود شیمیایی)، ابزارهای لازم جهت حفر گودال (بیل و بیلچه) و همچنین اقلام حفاظت نهال (همچون آتل) در برابر باد یا ضربات توپ (در ساعات ورزش دانش‌آموزان) از مراحل انجام طرح می‌باشد.

تصویر ۱۹: مشارکت فعال دانش‌آموزان در توسعه فضای سبز مدرسه (دبستان غیردولتی شهریار)

از دیگر راهکارهای توسعه فضای سبز در حیاط مدرسه استفاده از لاستیک‌های مستعمل و تبدیل آنها به گلدان می‌باشد. با اینکار هم این لاستیک‌ها مورد استفاده مجدد قرار گرفته و هم فضای سبز مدرسه توسعه می‌یابد.

تصویر ۲۰: استفاده از لاستیک‌های مستعمل جهت ساخت گلدان و توسعه فضای سبز با مشارکت خود دانش‌آموزان (دبستان غیردولتی شهریار)

بخش هشتم: برنامه آموزش و ارتقاء دانش حفاظت محیط زیست

طبق تعریف سازمان حفاظت محیط زیست کشور، همه اقشار، طبقه‌ها و صنف های اجتماعی، مخاطب آموزش محیط زیست هستند و در برنامه‌های آموزش محیط زیست نمی‌توان گروه یا طبقه‌ای را به هر دلیل بی‌نیاز از این آموزش به حساب آورد [۱۸]. بر اساس این تعریف، گروه‌های ذیل در مدارس، مخاطب برنامه آموزش حفاظت محیط زیست قرار می‌گیرند:

دانش آموزان

علاوه بر آموزش بهداشت فردی و عمومی به دانش آموزان، برنامه جامعی نیز جهت یادگیری کاربردی اصول حفاظت محیط زیست می‌بایست در نظر گرفته شود. این برنامه شامل:

- آموزش نحوه‌ی تفکیک پسماندها
- آموزش استفاده صحیح و صرفه‌جویی در مصرف آب و انرژی
- آموزش استفاده صحیح و صرفه‌جویی در مصرف منابع از قبیل لوازم تحریر و سایر ابزارهای موجود در مدرسه
- آموزش حفاظت و توسعه فضای سبز مدرسه
- آموزش استفاده مجدد از لوازم و تجهیزات مورد استفاده
- آموزش حفاظت محیط زیست در منازل
- استفاده از تابلو اعلانات، بروشورهای اطلاع رسانی، گروه‌های نمایشی و سرود در زمینه ترویج اصول حفاظت محیط زیست، برگزاری تورهای آموزشی و دعوت از کارشناسان مرتبط.

مربیان

مربیان آموزشی نقش بسیار مهمی در اجرای برنامه حفاظت محیط زیست در مدارس و نظارت بر اجرای این اصول از جانب دانش‌آموزان ایفا می کنند. مربی بهداشت مسئول مستقیم آموزش حفاظت محیط زیست به سایر مربیان مدرسه می‌باشد. بدین منظور برگزاری دوره‌های مستمر آموزشی برای مربیان ضروری است.

پرسنل خدماتی

آموزش پرسنل خدماتی و تاکید بر نقش آنها در زمینه حفاظت محیط زیست مدرسه از اهمیت بسیار بالایی برخوردار است. استفاده صحیح و صرفه‌جویی در منابع و انرژی و همچنین تفکیک و دفع صحیح پسماندها و مراقبت از فضای سبز محیط آموزشی تنها مواردی از اهمیت عملکرد این افراد می‌باشد. لذا مربیان بهداشت و محیط زیست مدارس می‌بایست برنامه ی آموزشی منطبق بر وظایف این پرسنل را تهیه کرده، آموزش دهند و بر حسن اجرای آن نیز نظارت کنند.

اولیاء دانش آموزان

به منظور بسط آموزش‌های حفاظت محیط زیست در منزل و اطمینان از اجرای این اصول در خانه اول دانش‌آموزان، آموزش هماهنگ اولیای دانش آموزان بر اساس اصول آموزش داده شده در مدرسه از اهمیت بالایی برخوردار بوده و متضمن بهبود مستمر طرح می‌باشد. بدین منظور برگزاری جلسات با اولیاء و با حضور کارشناسان محیط زیست و همچنین ارسال بروشور آموزشی برای آنها از طریق دانش‌آموزان و به‌روز رسانی وب سایت مدرسه جهت توسعه آموزش از راه دور به‌جای استفاده از کاغذ یا لوح‌های فشرده برخی از موارد مؤثر در زمینه آموزش اولیای دانش‌آموزان می‌باشد.

راهکارهای پیشنهادی جهت آموزش و ارتقا دانش حفاظت محیط زیست در مدرسه

- تهیه برنامه اقدام (Action Plan) مدرسه سبز

- اضافه کردن زنگ آموزش‌های زیست محیطی (مطالعات سبز) به برنامه درسی هفتگی

- تهیه تقویم مناسبت‌های زیست محیطی

بخش نهم: بازدیدها و اردوها

بازدید از سازمان‌ها ، صنایع و مراکز بازیافت شهرداری‌ها

بازدید از سازمان‌هایی چون سازمان حفاظت محیط زیست، سازمان جنگل‌ها و مراتع، سازمان آب و تصفیه فاضلاب، مراکز بازیافت شهرداری، نیروگاه‌های تولید برق و... منجر به درک بهتر دانش آموزان از عملکرد و تلاش این نهادها در توسعه رفاه عمومی و حفظ محیط زیست می‌گردد.

تصویر ۲۱: بازدید دانش‌آموزان از صنایع و سازمان‌ها

اردوهای سبز

هدف از برگزاری اردوی سبز، تفریح و تفرج دانش آموزان همراه با ایجاد کمترین آلودگی بر محیط زیست می‌باشد. بدین منظور رعایت موارد زیر در تحقق هدف برگزاری اردوی سبز نقش بسزایی خواهد داشت:

- استفاده از ظروف غذایی چندبار مصرف (ترجیحا فلزی) بـرای حمـل یـا صرف غذا در اردوها

- استفاده از بطری‌های آب (یا قمقمه) و یا لیوان‌های چندبار مصرف (فلزی یا شیشه‌ای) به جای لیوان‌های یکبار مصرف

- عدم آسیب‌رسانی به شاخ و برگ درختان

- دفن پسماندهای آلی (باقیمانده غذایی) پای خاک درختان یا جهت تغذیه پرندگان در اطراف محل اردو

- تدارک کیسه‌هایی جهت جمع آوری پسماندهای خشک تولید شده و قرار دادن آنها در مخازن و سطل‌های تعبیه شده در اطراف محل اردو

- پرهیز از ریختن مابقی نوشیدنی‌های گازدار در پای درختان و گیاهان چراکه منجر به خشکیدن و توقف رشد مناسب آنها می‌شود [۱۷]. ریختن آب باقیمانده بطری‌ها یا کلمن پای درختان مانعی ندارد.

- از روشن کردن آتش در حوالی درختان جدا خودداری شود. اما در صورت نیاز، نسبت به خاموش شدن آن اطمینان حاصل کنید.

بخش دهم: ابزارهای انگیزشی، نظارت و کنترل

ابزارهای انگیزشی

انگیزه، حالات درونی فرد است که موجب تداوم رفتارش تا رسیدن به هدف می‌شود[۱۹]. لذا چنانچه هدف، حفظ محیط زیست در یک واحد آموزشی تعیین شود، می‌بایست ابزارهای انگیزشی لازم در این راستا نیز بکار گرفته شود.

چند راهکار انگیزشی برای نیل به این هدف عبارتند از:

- تهیه و اهدا جوایزی از قبیل لیوان آب تاشو، بیلچه، دفاتر و مدادهای تهیه شده از کاغذهای بازیافتی

تصویر ۲۲: غرفه جوایز مدرسه (دبستان غیردولتی شهریار)

- تقدیر از دانش‌آموزان فعال در مقوله حفاظت محیط زیست
- انتخاب دانش‌آموزان علاقمند به محیط زیست به عنوان حامی محیط زیست
- قدردانی و تشویق مربیان، معلمین و همکاران حامی محیط زیست در جلسات هفتگی یا ماهیانه واحد آموزشی
- جلب مشارکت دانش‌آموزان و اولیاء آنها از طریق اطلاع‌رسانی، گردهمایی و جشن‌های زیست محیطی

ابزارهای نظارت و کنترل

کنترل و نظارت مشخص می‌کند که فعالیت‌های واحد آموزشی تا چه اندازه در جهت حفاظت محیط زیست و پیشبرد اهداف آن مؤثر بوده است [۲۰].

مواردی چند از ابزارهای نظارتی عبارتند از:

- نظارت روزانه مربی بهداشت و محیط زیست بر اجرای طرح و اطمینان از ثمربخشی آموزش

- نظارت بر صحت عملکرد بهداشت یاران و حامیان محیط زیست مدرسه

- ثبت موارد نقض طرح در دفاتر روزنگار دانش‌آموزان خاطی جهت جلب توجه اولیاء دانش آموزان بر اهمیت اجرای طرح

- گزارش عملکرد ماهیانه از فرایندهای مورد پایش و روند اجرای طرح به مدیریت و انتشار در وبسایت واحد آموزشی

تصویر ۲۳: بهداشت یاران و حامیان محیط زیست (دبستان غیردولتی شهریار)

نمونه بروشورهای آموزشی دبستان غیردولتی شهریار

راستی یه مورد دیگه،

برای خرید حتماً یک ساک پارچه ای با خودتون ببرید که از نایلون کمتر استفاده کنید. این را به مامان هم بگین.

وقتی مسواک می زنید آب را باز نگه ندارید با یک لیوان آب هم می تونید مسواک بزنید.

وقتی دستاتونو می شویید سریع این کار را بکنید تا آب هدر نره و آب را باز نگذارید.

کودکان را دوست بدارید و با آنها مهربان باشید.

حضرت محمد (ص)

راستی می دونید خداوند بچه هایی را که قدر این نعمت ها را می‌دونند خیلی دوست داره و به حرفاشون گوش می ده . نعمت هایی مثل آب، برق، گاز، بنزین، کاغذ، درخت و خیلی چیزهای دیگه. پس هر وقت از کلاس یا اتاق بیرون رفتید حتماً لامپ را خاموش کنید.

تلویزیون هم نباید بی خودی روشن بمونه. درسته؟

در خاتمه از شما بچه های خوبم که با لیوان آب می خورید

و قدر نعمت های خدا را می دونید تشکر می کنیم.

آدرس: تهران، خیابان کارگرشمالی، پایین‌تر از چهار راه فاطمی،

کوچه فردوسی، پلاک ۶ ـ کدپستی ۱۴۱۸۶۷۳۵۱۱

www.shahriyar.sch.ir

فاکس: ۶۶۵۷۷۰۴۲ مدیریت: ۶۶۵۷۷۰۴۳ دبستان: ۸ ـ ۶۶۵۷۴۴۶۷ و ۶۶۵۷۷۰۴۴

جمهوری اسلامی ایران

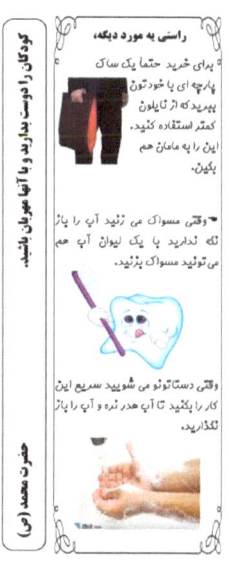

آموزش و پرورش منطقه ۶ تهران

دبستان و پیش دبستان غیردولتی شهریار

بروشور بهداشت

محیط زیست ویژه دانش آموزان

۱

سال تحصیلی ۹۳ – ۹۲

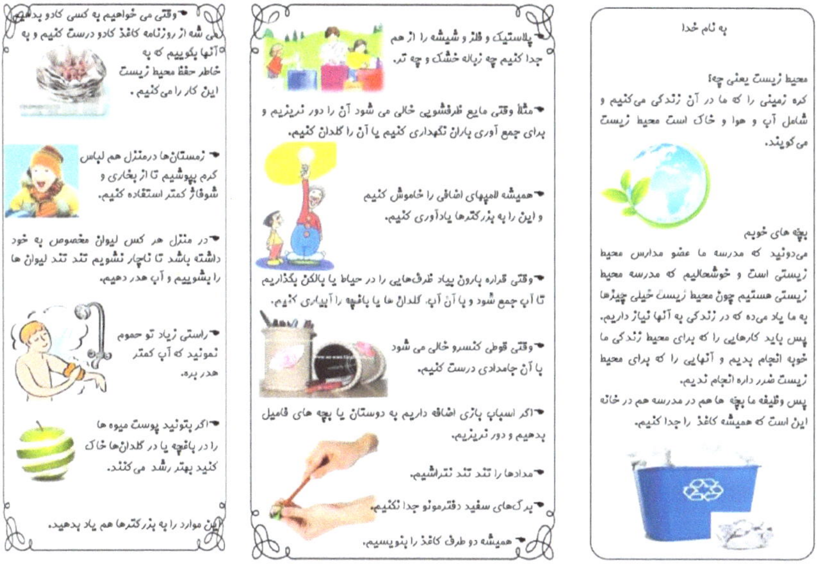

به نام خدا

محیط زیست یعنی چه؟

کره زمینی را که ما در آن زندگی می‌کنیم و شامل آب و هوا و خاک است محیط زیست می گویند.

بچه های خوبم

می‌دونید که مدرسه ما عضو مدارس محیط زیستی است و خوشحالیم که مدرسه محیط زیستی هستیم چون محیط زیست خیلی چیزها به ما یاد می‌ده که در زندگی به آنها نیاز داریم. پس باید کارهایی را که برای محیط زندگی ما خوبه انجام بدیم و آنهایی را که برای محیط زیست ضرر داره انجام ندیم.

پس وظیفه ما بچه ها هم در مدرسه هم در خانه این است که همیشه کاغذ را جدا کنیم.

- پلاستیک و فلز و شیشه را از هم جدا کنیم چه زباله خشک و چه تر.
- مثلاً وقتی مایع ظرفشویی خالی می شود آن را دور نریزیم و برای جمع آوری باران نگهداری کنیم یا آن را گلدان کنیم.
- همیشه لامپهای اضافی را خاموش کنیم و این را به بزرگترها یادآوری کنیم.
- وقتی قراره بارون بیاد ظرف‌هایی را در حیاط یا بالکن بگذاریم تا آب جمع شود و با آن آب، گلدان ها یا باغچه را آبیاری کنیم.
- وقتی قوطی کنسرو خالی می شود با آن جامدادی درست کنیم.
- اگر اسباب بازی اضافه داریم به دوستان یا بچه های فامیل بدهیم و دور نریزیم.
- مدادها را تند تند نتراشیم.
- برگ‌های سفید دفترمونو جدا نکنیم.
- همیشه دو طرف کاغذ را بنویسیم.

- وقتی می خواهیم به کسی کادو بدهیم می شه از روزنامه کاغذ کادو درست کنیم و به آنها بگوییم که به خاطر حفظ محیط زیست این کار را می کنیم.
- زمستان‌ها درمنزل هم لباس گرم بپوشیم تا از بخاری و شوفاژ کمتر استفاده کنیم.
- در منزل هر کس لیوان مخصوص به خود داشته باشد تا ناچار نشویم تند تند لیوان ها را بشوییم و آب هدر دهیم.
- راستی زیاد تو حموم نمونید که آب کمتر هدر بره.
- اگر بتونید پوست میوه ها را در باغچه یا در گلدان‌ها خاک کنید بهتر رشد می کنند.

این موارد را به بزرگترها هم یاد بدهید.

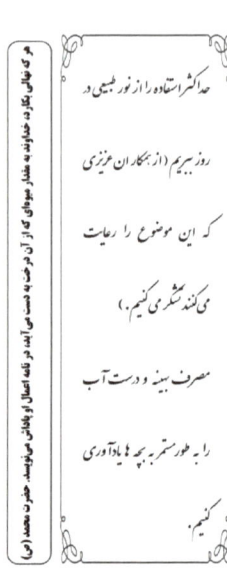

حداکثر استفاده را از نور طبیعی در

روز ببریم (از همکاران عزیزی

که این موضوع را رعایت

می‌کنند تشکر می‌کنیم.)

مصرف بهینه و درست آب

را به طور مستمر به بچه‌ها یادآوری

کنیم.

هر که نهالی بکارد، خداوند به مقدار میوه‌ای که از آن درخت به دست می‌آید در نامه اعمال او پاداش می‌نویسد. حضرت محمد (ص)

در خاتمه از همکاران عزیزی که در این مسیر همکاری داشته و دارند صمیمانه تشکر می‌نماییم.

آدرس: تهران، خیابان کارگرشمالی، پایین‌تر از چهار راه فاطمی،
کوچه فردوسی، پلاک ۶ ـ کدپستی ۱۴۱۸۶۷۳۵۱۱
www.shahriyar.sch.ir
فاکس: ۶۶۵۷۲۰۴۲ مدیریت: ۶۶۵۷۲۰۴۳ دبستان: ۸ ـ ۶۶۵۷۴۴۶۷ و ۶۶۵۷۲۰۴۴

جمهوری اسلامی ایران

آموزش و پرورش منطقه ۶ تهران

دبستان و پیش دبستان غیردولتی شهریار

بروشور بهداشت

مدرسه محیط زیستی

(ویژه همکاران)

سال تحصیلی ۹۳ – ۹۲

به نام خدا

همکاران گرامی

ضمن عرض سلام و ادب

از آنجا که دانش آموزان از رفتارهای آموزگاران و

مربیان خود الگوبرداری می کنند، تقاضا می شود با

رعایت نکات زیر هرچه بیشتر آنان را نسبت به محیط

زیستشان حساس کنیم که نتیجه مثبت آن طبعاً به سود

همه ما انسانها خواهد بود.

زیرا می دانیم که یک زمین برای زندگی داریم نه بیشتر و وظیفه همه ماست که

در حفظ آن بکوشیم. در این راستا آموزش مامربیان بیشترین تاثیر را در فرهنگ

سازی جامعه دارد. بدین منظور تقاضا می شود:

- قبل از خارج شدن از کلاس به دانش آموزان یادآوری کنیم حتماً لامپ‌ها را خاموش نمایند. (توجه دانش آموزان را به پیام نصب شده روی کلید برق جلب نمایید.)

- در هنگام استفاده از بخاری‌ها مراقب هدر رفتن انرژی باشیم.

- در جداسازی کاغذ از سایر زباله‌ها حساسیت نشان دهیم.

- تلاش کنیم گلدانهای کلاستان تکثیر شوند.

- آبیاری را به عهده خود بچه‌ها بگذاریم و از اولیای علاقه مند برای تکثیر گلدانها کمک بگیریم و از خشک شدن گلدانها جلوگیری نماییم. شاید از اولیای نماینده کلاس کمک بخواهیم.

- دانش آموزان را به نوشیدن آب با لیوان یا بطری یا قمقمه تشویق کنیم نه با دست.

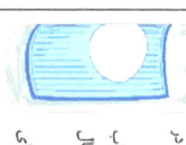

* تحقیقات نشان داده که برخی بازی‌های رایانه‌ای موجب تنبل شدن ذهن، هیجان‌های شدید عصبی و التهاب استخوان‌ها و مفاصل شده و توصیه می‌شود بازی‌های رایانه‌ای مناسب را برای فرزندان خود انتخاب و زمان بازی او را کنترل کنید. (حداکثر نیم ساعت)
* استفاده از کوله پشتی غیراستاندارد باعث انحراف شانه‌ها و همچنین تغییر قوس ستون فقرات پشتی می‌شود. لذا پزشکان توصیه می‌کنند اندازه کوله‌پشتی دانش‌آموزان متناسب با جثّه آنها انتخاب شود.
* فشار خون بالا در کودکان ممکن است بدون علامت باشد. لذا سالیانه فشار خون فرزندتان را کنترل کنید. از کودکی باید مصرف نمک را در کودکان کاهش دهیم تا ذائقه آنان به غذاهای کم نمک عادت کرده و از پر فشاری در بزرگسالی پیشگیری شود.

تعجب می‌کنم از کسانی که در غذای جسم خود فکر می‌کنند ولی در امور معنوی و غذای جان خویش تفکّر نمی‌کنند.

امام حسن (ع) ـ بحار الانوار ـ ج ۱ ـ ص ۲۱۸

چند نکته درباره بطری آب

* هنگام خرید، بطری آب به تاریخ درج شده روی آن دقّت کنید زیرا بطری‌های تاریخ گذشته موجب آزاد شدن مونومرهای موجود در آن شده که برای سلامت افراد خطرناکند.
* توجه داشته باشید که آب‌ها در معرض آفتاب نباشند بلکه در محیطی خنک یا داخل یخچال مغازه باشند.
* پس از استفاده از آب بطری آن را برای مصارف خوراکی استفاده نکنید.
* بسته‌بندی این بطری‌ها فقط برای دمای ۰ تا ۴ درجه طراحی شده‌اند نه برای انجماد پس بطری‌های یخ زده را نخرید.

* از انجماد بطری‌ها ترکیبات دی اکسین آزاد و وارد آب می‌شوند و زمینه سرطان را در مصرف کننده ایجاد می‌کنند. حتی بطری‌های PET.
* برای رفع عطش می‌توانید در آب بطری چند قطره آبلیموی تازه یا آب پرتقال بریزید.

آدرس: تهران، خیابان دکتر فاطمی غربی، مقابل سفارت پاکستان، پلاک ۲۵۴

فاکس: ۶۶۵۶۵۵۹۷ مدیریت: ۶۶۵۶۵۱۸۲ دبستان: ۹ ـ ۶۶۵۶۶۸۰۸

جمهوری اسلامی ایران

آموزش و پرورش منطقه ۶ تهران

دبستان و پیش دبستان غیردولتی

شهریار

بروشور بهداشتی

سال تحصیلی ۹۰ – ۸۹

روش تهیه کود کمپوست

برای تولید کمپوست تقریبا از تمام مواد ارگانیک می‌توان استفاده کرد. کپه اولیه کمپوست نیازمند نسبت مناسبی از مواد غنی از کربن یا «قهوه‌ای» و مواد غنی از نیتروژن یا «سبز» است. مواد قهوه‌ای به موادی چون برگ خشک، نی و چوب خشک گویند و مواد سبز شامل مواد طبیعی با رنگ سبز و تازه مثل علف تازه و اغلب مواد زائد آشپزخانه‌ها است. مخلوط کردن مواد مختلف از این دست می‌تواند کودهای کمپوستی با درصدهای متفاوتی از مواد مغذی تولید کند. ایده‌آل درصدهای مواد، ۲۵ قسمت مواد قهوه‌ای در مقابل یک قسمت مواد سبز است. برگ‌ها بخش زیادی از زباله‌های حیاط‌ها و باغ‌ها را تشکیل می‌دهند. برای تولید کود کمپوست خوب در خانه که به کار نگهداری گل‌های گلدانی‌تان بیاید، می‌توانید از مقادیری از برگ‌های ریخته شده در پارک نزدیک خانه‌تان استفاده کنید. هر روز در آشپزخانه منزل شما حجم زیادی از زباله‌هایی چون پوست خربزه و هندوانه، هویج، چای‌های کیسه‌ای، هسته سیب، پوست موز و تقریبا هر چیز طبیعی دیگری که در آشپزخانه به کار می‌رود، تولید می‌شود. شما تقریبا می‌توانید تمام زباله‌های طبیعی آشپزخانه‌تان را بازیافت کنید. البته موادی چون گوشت و مواد گوشتی، مواد لبنی و مواد چرب مثل سس سالاد و کره بادام زمینی برای تولید کود دردسرآفرین هستند. ضایعات گوشت در کمپوست باعث ایجاد بوی بد و جذب حشرات موذی می‌شود. پوست تخم مرغ هم ماده اولیه خوبی برای کود کمپوست است اما به کندی تجزیه می‌شود. برای تولیدکمپوست در خانه می‌توانید از سطل‌های فلزی در بسته استفاده کنید و آن را در جایی چون بالکن خانه‌تان قرار دهید. این کار به شما

این امکان را می‌دهد که هر اندازه زباله که تولید شد، به کود قبلی خود بیفزایید. زباله‌های خانگی جزو مواد «سبز» هستند، در نتیجه هر بار که مقداری زباله آشپزخانه‌ای به سطلتان اضافه می‌کنید، روی آن را با حدود ۲۰ سانتی‌متر از مواد «قهوه‌ای» مثل برگ‌های خشک، بپوشانید. برای اینکه کودتان با سرعت بیشتری تولید شود، می‌توانید تمام مواد آن را به قطعات کوچک‌تری تقسیم کنید. استفاده از برگ‌های سوزنی کاج هم برای تولید کمپوست توصیه می‌شود. برای استفاده از این برگ‌ها لازم است آن‌ها را در طی فرآیند تجزیه‌شان خرد کنید و هر چند روز یک بار آن‌ها را به قطعات کوچک‌تری ببرید. حسن به کار بردن این برگ‌ها در اسیدی کردن خاک است. اگر خاکی که برای گلدان‌ها به کار می‌برید قلیایی است، با اضافه کردن برگ‌های سوزنی کاج به مواد اولیه کودتان، می‌توانید جنس خاک را ارتقاء دهید. اگر در منطقه‌ای سردسیر زندگی می‌کنید، سطل بازیافتتان را در محلی قرار دهید که در معرض تابش نور خورشید باشد تا با کمک گرمای خورشید، مواد زودتر تجزیه شوند و در مناطق گرمسیر، سطل را در سایه قرار دهید. زمان مورد نیاز برای تولید کمپوست کاملا به نسبت مواد اولیه شما و شرایط محیطی بستگی دارد، اما می‌توانید از روی شرایط ظاهری کود، پی ببرید که آماده است یا نه. کود کمپوست نهایی به رنگ قهوه‌ای تیره است و بوی خاک می‌دهد. اغلب در آن بخش‌هایی از برگ که تجزیه نشده است، دیده می‌شود. [۱۴]

منابع و ماخذ

۱. راهنمای طبقه‌بندی پسماندها برای بازرسین بهداشت محیط، ۱۳۹۲، مرکز سلامت محیط و کار پژوهشکده محیط زیست دانشگاه علوم پزشکی تهران. دسترسی آنلاین:

http://ier.tums.ac.ir

۲. انواع پسماند، سازمان مدیریت پسماند شهرداری اصفهان. دسترسی آنلاین:

http://isfahan.ir

۳. لزوم آغاز فرهنگ مصرف بهینه آب از مدارس. دسترسی آنلاین:

http://dolat.ir/NSite/FullStory/News/?Serv=8&Id=258549

۴. بحران آب در ایران جدی تر می شود/ جنگ آبی در راه است؟، سایت تحلیلی خبری عصر ایران، ۱۳۹۳/۴/۱۱. دسترسی آنلاین:

http://www.asriran.com/fa/news/343737

۵. "قیمت تولید هر مترمکعب آب چقدر است؟"، خبرگزاری فردا نیوز، شناسه خبر: ۴۶۴۷۸۸، ۱۳۹۴/۸/۲۵.

۶. تعرفه های آب و فاضلاب، شرکت تامین و تصفیه آب و فاضلاب تهران. دسترسی آنلاین:

http://tww.tpww.ir/fa/p7/p9

۷. خطر نشست زمین در مدرسه جنوبی پایتخت، خبرگزاری فارس، ۱۳۹۴/۱۱/۱۳. دسترسی آنلاین:

http://www.farsnews.com/newstext.php?nn=13930727001096

۸. "انواع روش‌های تولید برق". دسترسی آنلاین:

http://1001nokte.blogfa.com/post-35.aspx

۹. "هزینه سالیانه ۳۰۰ هزار میلیاردی تولید برق در ایران"، برق نیوز، ۱۳۹۴/۴/۲۱. دسترسی آنلاین:

http://barghnews.com/fa/news/10083

۱۰. گاز طبیعی، برگرفته از سایت ویکی پدیا.

۱۱. آشنایی با گاز طبیعی، شرکت ملی گاز ایران. دسترسی آنلاین:
http://www.nigc.ir
۱۲. جزئیات تعرفه گاز در سال ۹۳ به تفکیک هر اقلیم مصرفی+جدول، شناسه خبر: ۳۳۹۴۹۲، خبرگزاری تسنیم.
۱۳. هزینه تولید هرمتر مکعب گاز ۹۰ تومان. ۱۳۸۹، جام جم آنلاین. دسترسی آنلاین:
http://www.jamejamonline.ir/ 100893267516
۱۴. چطور در خانه کمپوست تولید کنیم؟ همشهری آنلاین. دسترسی آنلاین:
http://www.hamshahrionline.ir/details/30227
۱۵. ضرورت ایجاد فضای سبز در مدارس. شناسه خبر: ۳۳۱۲۱۵ . دسترسی آنلاین:
http://vista.ir
۱۶. استانداردهای فضاهای سبز. رشد (شبکه ملی مدارس). دسترسی آنلاین:
http://daneshnameh.roshd.ir
۱۷. Natalie M. Garcia, How will Coca-Cola affects the plants, 2006, California State Science Fair.
۱۸. آموزش همگانی محیط زیست در ایران، سایت سازمان حفاظت محیط زیست. دسترسی آنلاین: http://www.doe.ir/portal/home
۱۹. ۴۰ نکته در باب افزایش انگیزه دانش آموزان. دسترسی آنلاین:
http://www.beytoote.com
۲۰. نظارت و کنترل در مدیریت آموزشی. دسترسی آنلاین:
http://stron.blogfa.com/post-616.aspx
۲۱. تاثیر فضای کلاس بر موفقیت تحصیلی دانش‌آموزان. شناسه خبر:۹۳۰۸۲۱۱۰۳۷۳، خبرگزاری دانشجویان ایران. دسترسی آنلاین:
http://www.isna.ir
۲۲. Green Your Classroom. دسترسی آنلاین:
http://www.rainforest-alliance.org/green-living/classroom
۲۳. A Comparative Study of Green School Guidelines. دسترسی آنلاین:
www.sciencedirect.com

۲۴. ?Why Green Schools، دسترسی آنلاین :

http://greenschools.net/section.php?id=10

۲۵. Creating Healthy Indoor Air Quality in Schools، دسترسی آنلاین:

https://www.epa.gov/iaq-schools

۲۶. ۱۴درمان برای آسم. دسترسی آنلاین :

http://www.asriran.com/fa/news/257593

۲۷. آلودگی محیط های مسکونی و اداری در فضاهای شـهری و راه هـای پـالایش آن،
حسین یزدان داد و فرزانه مجریان، نخستین همایش توسـعه ملـی شـهری، گـیلان
۱۳۸۹.

۲۸. تأثیر محیط‌زیست بر سلامت انسان، جام جم آنلاین. دسترسی آنلاین:

http://jamejamonline.ir

۲۹. کودکان و آلودگی محیط زیست. اداره کل حفاظت محیط زیست استان یزد.

http://yazd.doe.ir/Portal/home/?۲۱۱۶۷۲

۳۰. رتبه جهانی محیط زیست ایران چند است؟

http://www.mashreghnews.ir/fa/news/۲۹۰۰۷۵